Jirina Prekop

Von der Liebe, die Halt gibt

Erziehungsweisheiten

*Mit Illustrationen von
Julia Ginsbach*

Kösel

*Ausgewählt und herausgegeben
von Dagmar Olzog*

ISBN 3-466-30512-8
© 2000 by Kösel-Verlag GmbH & Co., München
Druck und Bindung: Kösel, Kempten
Umschlag: Elisabeth Petersen, München
Umschlagmotiv: zefa, Kathleen Brown

2 3 4 5 · 04 03 02 01 00

Gedruckt auf umweltfreundlich hergestelltem Werkdruckpapier (säurefrei und chlorfrei gebleicht)

Inhalt

Vorwort	7
Kostbare Augenblicke	9
Was Kinder brauchen	13
Was Eltern brauchen	25
Geborgenheit und Sicherheit	33
Die Kraft der Vorbilder	45
Ordnungen im familiären System	53
Scheidung und allein stehende Mütter	63
Geschwister	71
Das Erstgeborene	75
Grenzen und Regeln geben Halt und Orientierung	81
Strafe und Lob	93
Herausforderungen: Unruhe, Trotz, Aggression	97
Krisen gehören zum Leben	105
Keine Angst vor Fehlern	113
Kinder wollen die Welt entdecken	117
Von Kindern lernen	123
Liebe und Erziehung	127
Literaturempfehlungen	139
Quellennachweis	141

Vorwort

Eltern von heute haben keine leichte Aufgabe. Nur eine Momentaufnahme: Der technische Fortschritt erobert in rasantem Tempo nicht nur die berufliche Welt, sondern prägt auch zunehmend unser alltägliches Leben. Fernseher und Computer haben in beinahe jedem Haushalt Einzug gehalten, und wir gewöhnen uns immer mehr daran, dass jedes Familienmitglied in seinem Zimmer vor seinem eigenen Bildschirm sitzt und sich mittels Fernbedienung oder Mausclick unterhält. Das ist solange in Ordnung, solange die Liebe darunter nicht leidet, denn der Verlust der Liebesfähigkeit hat einen hohen Preis: das Ende der Menschlichkeit.

Die zentrale Aufgabe für Eltern und alle Erziehenden liegt deshalb darin, dem Zwischenmenschlichen genügend Raum zu geben und somit die Menschlichkeit wieder über den technischen Fortschritt zu stellen. Damit dieser Auftrag gelingt, muss die Familie wieder der Ort werden, wo unsere Kinder Mitgefühl und Liebe erleben. Sie brauchen einen starken inneren Halt, das Bewusstsein für Werte, Mut, Kreativität, Schaffenskraft und Zuversicht, dass Dinge, die sie anpacken, gelingen. Vor allem aber brauchen sie Liebe. Liebe sich selbst und anderen gegenüber.

Um Eltern für diesen Auftrag zu stärken, habe ich mehrere Bücher geschrieben, zwei davon zusammen mit meiner langjährigen Wegbegleiterin Christel Schweizer. Meiner Lektorin Dagmar Olzog bin ich dankbar für die Idee, diese »Erziehungsweisheiten« in einem kleinen Buch zusammenzustellen, und meinem Verleger Dr. Christoph Wild, dass er es anlässlich meines siebzigsten Geburtstages herausgebracht hat.

Lindau, im Sommer 1999

Kostbare Augenblicke

In der Knospe ist das Geheimnis der Rose verschlüsselt.

Für die Lebendigkeit des Menschen ist die Liebe das Entscheidende. Sie kann sich nur realisieren, wenn sie nicht einseitig ist.

Auch die Welt der Kinder hat ihre Logik, nur dass es nicht eine sinnen- und vernunftbewegte Logik, sondern eine Logik des Herzens ist.

Jedes Kind verstummt, wenn es keine Antwort auf seine Hilferufe bekommt.

Das Kind ist nicht minderwertiger, weil es manches noch nicht so kann wie der Erwachsene.

In jedem von uns ist immer noch das Kind von damals.

Wissen ohne Liebe ist kalt.

Eine meiner liebsten Volksweisheiten lautet: »Es ist besser, eine Kerze anzuzünden, als über die Finsternis zu klagen.«

Der Mensch wird nur durch Menschen menschlich, nicht durch das Internet oder sein Bankkonto.

Das Recht des Kindes ist, Kind zu sein und beschützt zu werden.
Die Pflicht der Eltern ist es, Eltern zu sein und das Kind zu beschützen.

Was Kinder brauchen

„Kinder sind Gäste, die nach dem Weg fragen«, heißt es in einem pakistanischen Sprichwort. Das bedeutet: Ich kann dir deinen Weg nicht zeigen, aber ich bin bereit, dich auf deinem Weg zu begleiten, damit du sicher gehen kannst. Solange du bei mir bist, will ich um dich besorgt sein und deine Kräfte stärken, damit du mit Freude im Herzen weiterziehst. Ich will dir Mut machen, nicht aufzugeben, wenn du stolperst.

Kinder brauchen gutes Rüstzeug auf dem nicht einfachen Weg:
- klare Maßstäbe, um zwischen Gut und Böse unterscheiden zu können;
- ein feines Gefühl für das Wertvolle im alten Erbe, um es zu bewahren;
- freies schöpferisches Denken, um neue Lebensformen zu schaffen und neue Lebensräume zu erobern;
- die Logik des Herzens, um zu menschenfreundlicheren Entscheidungen zu finden, als es der Computer kann;

- Willensstärke und Belastbarkeit sowie die Bereitschaft, Krisen und Entbehrungen durchzustehen, ohne sich entmutigen zu lassen;
- eine hoffnungsvolle Lebenseinstellung;
- Ehrfurcht vor der Schöpfung. Das heißt unter Umständen auch, in freiwilliger Entscheidung die eigene Freiheit einzuschränken;
- die Bereitschaft, offen Gefühle auszudrücken, zwischenmenschliche Konflikte auszutragen, Versöhnung anzunehmen und sich zu solidarisieren;
- Liebesfähigkeit, das bedeutet den anderen so zu lieben wie sich selbst.

Weil die ersten drei Lebensjahre die entscheidend wichtigen sind und hier die Wurzeln für das weitere Leben geschlagen werden, muss sich ein Kind in dieser Zeit besonders geschützt und geborgen fühlen können.

Die Persönlichkeitsentwicklung scheint einem gesetzmäßigen Aufbau von psychosozialen *Stufen* unterworfen zu sein. So wie die Blüte nicht aus der Blüte, sondern aus dem Samen erwächst, so beginnt sich das selbständige, freie ICH nicht in der Selbständigkeit und Freiheit, sondern im Zustand einer Hilflosigkeit und Abhängigkeit zu entwickeln. Die Sättigung des Bedürfnisses nach Bindung und Geborgenheit ist die Voraussetzung für das Bewusstwerden und für die Sättigung der daraus folgenden Bedürfnisse nach Willen, Durchsetzung und Loslösung.

Eine große Gefahr unserer Zeit ist, dass wir dazu neigen, das Kind zu überfordern, weil wir es als eigene Persönlichkeit achten wollen. Und unsere Tendenz, in ihm einen kleinen Erwachsenen zu sehen, führt letztlich dazu, dass wir es um sein Eigentliches bringen.

Das Frühgeborene
Was dem Frühgeborenen beim Verlust der Symbiose entgeht:
- Es vermisst die Hülle, aber auch die Enge des Mutterleibs, die vertraute Körperhaltung der Beugung und die vertraute, durch Hautkontakt vermittelte Antwort auf seine Bewegungsäußerungen;
- es vermisst den steten Rhythmus, die wiegenden Mitbewegungen mit der Mutter, ihren Atem, ihren Herzrhythmus;
- es vermisst das Hören ihrer Stimme;
- es vermisst die Wahrnehmung ihres Geruchs;
- es vermisst die zartrot getönte visuelle Wahrnehmung, die es im Mutterleib bei geöffneten Augen permanent hat – es vermisst seine »Morgenröte« schlechthin. Es erlebt das *Ende des Paradieses*! Die richtige Erdung findet aber auch nicht statt! Denn
- dem Kind entgeht auch die tief in sein ganzes Dasein eindringende – extreme – Erfahrung (Tiefensensibilität), die normalerweise unter der Geburt beim Durchgang durch den Geburtskanal stattfindet.

Keinem kleinen Kind bekommt es, wenn es von der Mutter getrennt ist. Die Trennung erlebt es aber umso dramatischer, wenn es ihm schlecht geht. Umso mehr vermisst es dann den vertrauten Trost durch die Eltern und fühlt sich dem Fremden ausgeliefert. Diese schmerzhafte Lage spitzt sich für das Kind zu, wenn es ins Krankenhaus kommt.

Begrüßen Sie Ihr neugeborenes Kind. Streicheln Sie es mit ruhigen Bewegungen. Wiegen Sie es unter den ihm vertrauten Liedern. Es wird große Freude daran haben, all dieses wieder zu erkennen. Denken Sie daran, dass Kinder Wiederholungen lieben. Das Gleichbleibende, Wiederkehrende beruhigt.

Berührung hat nicht nur den Sinn, dass durch den engen Kontakt die Gefühle des anderen »durch die Haut gehend« wahrgenommen werden. Die verbindliche Berührung lässt auch wahrnehmen, dass man miteinander verbunden ist, und sie verhindert, dass sich die Betroffenen verlassen.

In den ersten Lebensmonaten sollte das Kind sehr viel getragen werden. Die Einheit mit der Mutter, die das Kind in ihrem Leib spürte, ist nämlich mit der Geburt noch keinesfalls abgeschlossen. Die Geburt ist lediglich ein Übergang, und zahlreiche Geburtsvorgänge stehen dem Kind noch bevor, bis es zu seinem Selbst findet.

Im ersten Halbjahr kann man ein Kind nicht genug »verwöhnen«. Seine Bedürfnisse nach Trost und Nahrung sind sofort zu befriedigen. Die Mutter soll stillen bzw. die Flasche geben, wann das Kind es will, und nicht nach irgendwelchen von außen aufgesetzten zeitlichen Regeln. Diese kann das Kind noch nicht einordnen, weil es noch über keine Zeitvorstellung verfügt. Ebenso muss das Baby auch nachts die stete Nähe der Mutter spüren.

Ein Kleinkind ist ein Gewohnheitsmensch. Unberechenbare Veränderungen rauben dem Kind die Chance, sich auf seine gewohnten, vertrauten Umstände zu verlassen. Es kann sich nicht geborgen fühlen, und es kann sich auch nicht entspannen. Entweder wird es nervös, weil es anstatt der Ruhe eine riesengroße Unterhaltungsshow bekommt, oder es geht auf die Show ein und will die Unterhaltung fortsetzen. Es kann aber keinesfalls ruhig einschlafen.

Ein Kind, das sich nicht mehr instinktiv dem Stärkeren in der Rangordnung fügen kann, fühlt sich ohne diesen Stärkeren schutzlos.

»Ich lasse mich durch kein Wissen verunsichern. Es steht sowieso in jedem Buch etwas anderes. Ich verlasse mich lieber auf mein Gefühl.« Das klingt überzeugend und wirkt auf den ersten Blick herzerfrischend. Oft aber erweist sich dieses tapferes Bemühen um instinktive Sicherheit als Illusion. Was gibt der Mutter die Sicherheit, dass ihr gut gemeintes Gefühl nicht ein neurotisches Nachholbedürfnis ist? Weil sie in ihrer eigenen Kindheit zu streng erzogen wurde und zu wenig Freiheit zur Entfaltung ihres Eigenwillens bekam, gibt sie später ihrem Kind jene Freiheit, die ihr entging, im Übermaß. Eben dieses Übermaß kann das Kind aber noch nicht verkraften, und die Auswirkung davon ist seine Unfreiheit. Das Gegenteil also.

Eltern müssen dafür sorgen, dass ein Kind das Gesetz der Gegensätze erfahren kann. Nur unter dem Schutz des Nestes, unter Mithilfe der Eltern, kann es lernen, die Gegensätze zu erfragen und sie zugunsten der Lebendigkeit auszuwiegen. Nur mit der Hilfe der Eltern kann es für den Weg der Mühsal ausgerüstet werden.

Durch die Gegensätze bekommt die kindliche Welt Konturen. Diese Konturen muss es zunächst an den Eltern ablesen können. Kann es sie nicht ablesen, bleibt ihm das Bild von Mutter und Vater und der Welt verwaschen.

Jedes Kind braucht, um ruhig und glücklich bei seinen Eltern landen zu können, die fraglose Annahme seiner Eltern. Es braucht das uneingeschränkte Ja zu seiner Existenz, um sich gut einverleiben zu können. Mit Zweideutigkeit und Halbherzigkeit kann ein Kind nicht umgehen. Das Kind ist immer ganz, es ist immer die ganze Wahrheit und verlangt nach der ganzen Wahrheit. Es will, dass man seine Licht- und Schattenseiten liebt. Es will die Liebe, die ganze, selbstlose und vorbehaltlose Liebe.

Ein wichtiger Schritt ist das Aufeinanderabstimmen der elterlichen Erziehungshaltung. Ist die Diskrepanz zu groß, ist unter Umständen eine Eheberatung notwendig. Der nächste Schritt besteht darin, dass man sich gegenseitig unterstützt, damit das Kind die elterliche Einheit wahrnehmen kann.

Wenn sich das Kind auf die Beziehung zu den Eltern verlassen kann, ereignet sich Erziehung ganz von selbst. Eine kinderfreundliche Erziehung – und das heißt, eine Erziehung, die zum Ziel hat, das Kind zur Freiheit zu führen – kann sich nur in einer von der Liebe getragenen Beziehung ereignen. *Freiheit und Liebe sind die höchsten menschlichen Werte*, die untrennbar zusammengehören. Erst wenn ich den anderen und mich gleichermaßen vorbehaltlos liebe, bin ich frei. Erst wenn ich den anderen liebe, verzichte ich gerne auf meine Freiheit, die dem anderen schaden würde. Die Freiheit des einen endet dort, wo die Unfreiheit des anderen beginnt. Wahre Freiheit nimmt Begrenzung an. Dem anderen und den anderen zuliebe nehme ich meinen eigenen Wunsch zurück. Ich übe Rücksicht. Ich kann nur dann erwarten, dass der andere von mir etwas annimmt oder Rücksicht übt, wenn wir in Liebe aufeinander bezogen sind.

Was Eltern brauchen

Eigentlich ist es unsinnig zu fragen, welchen Halt die Kinder brauchen. Von woher sollten die Kinder den Halt nehmen, wenn nicht von den Eltern? Die erste Frage müsste also heißen: Welchen Halt brauchen Eltern? Zunächst sollte jeder Elternteil seinen eigenen inneren Halt ausbilden, um dem Kind den Halt bieten zu können, den es braucht.

Ein Kind zu erziehen bedeutet vor allem, es in der Besonderheit seines kindlichen Wesens bedingungslos anzunehmen und zu lieben. Erziehung ist Herzensarbeit und Geduld.

Ich bin weder für die autoritäre Erziehung noch für die antiautoritäre und ich plädiere auch nicht für einen faulen Kompromiss aus beidem. Meine ganze Sicherheit besteht darin, dass ich mich auf die seit jeher wirkenden Schöpfungsordnungen stütze. Das empfehle ich auch den Eltern zu tun. Diese Schöpfungsgesetze existierten bereits, bevor der Mensch diesen blauen Planeten bevölkerte. Die Schöpfungsgeschichte listet diese Gesetze auf. Dabei dreht sich alles um die höchste Formel, in die alle Energien eingebunden sind, um das *Gesetz der Gegensätze*, sprich um das *Gesetz der Polarität*. Die Kraft entsteht nur zwischen den Gegensätzen, so wie der Strom zwischen dem Pluspol und dem Minuspol entsteht. Zwischen Ausatmen und Einatmen fließt der regelmäßige Atem. Gehen ist durch das Zusammenspiel von rechtem und linkem Fuß möglich. Die Orientierung zwischen dem Guten und dem Schlechten gelingt dem Kind, wenn das Gute mit Freude und einem klaren Ja, das Schlechte mit Ärger und einem deutlichen Nein besetzt ist.

Eltern sollten um die Entwicklungsstufen des Kindes wissen. Das Baby ist zunächst klein, hilflos und schutzbedürftig. Es braucht bedingungslos eine sichere Bindung an die sichere Mutter, später an den Vater. Nur wenn das Kind in dieser Zeit sein Urvertrauen ausbilden konnte, kann es sich später anderen anvertrauen und ein stabiles Selbstvertrauen entfalten. Hat es genügend Liebe empfangen, kann es später auch Liebe weitergeben. Nur aus dem geborgenen Nest hinaus traut sich das Kind seine mutigen Eroberungsversuche in die Außenwelt. Nur wenn sich das Ich nicht vor dem Aufbäumen fürchten muss, traut es sich die Auseinandersetzung mit dem Du und entwickelt einen eigenen starken Willen.

Eltern sollten auch um die Bedürfnisse der Kinder wissen, die ihnen anvertraut worden sind. Zunächst braucht das Kind Geborgenheit. Erst dann kann es seinen Willen und seine Lust zur Loslösung entfalten. Die umgekehrte Reihenfolge ist das Produkt von kopflastigen Intellektuellen, die eher ihr eigenes Nachholbedürfnis als das des Kindes in den Vordergrund stellen.

»Zeit für Kinder«, diese durchaus sinnvolle Forderung gilt es einmal genauer zu hinterfragen. Denn wichtig ist nicht die Menge an Zeit, die man dem Kind schenkt, vielmehr kommt es darauf an, wie die Zeit miteinander verbracht wird. So ist es beispielsweise nicht sinnvoll, das Kind zehnmal zu rufen und dann auf die Aufforderung zu verzichten. Ebenso ist es nicht sinnvoll, die nächtliche Zeit mit dem schreienden Baby so zu verbringen, dass man stundenlang in der Wohnung hin und her läuft oder mit dem Auto viele Runden um den Häuserblock fährt, damit die Vibrationen des laufenden

Motors den kleinen Schreihals zur Ruhe bringen. Weitaus sinnvoller ist es, dem Kind genügend Zeit zu schenken, damit es seine Frustration ausleben kann, indem Sie als Mutter oder Vater das Kind im Arm halten, ihm geduldig dies und jenes erklären, sofern es das Gesagte schon verstehen kann, oder ihm Geschichten erzählen, die ihm als Vorbild dienen können.

Erziehung ohne Liebe wäre Dressur.

Erziehung heißt investieren, ohne an das Ziel und den Ertrag zu denken. Sie ist Liebe ohne Absicht. Sie bedeutet, sich selbst voll und ganz zur Verfügung zu stellen, ohne sich aufzugeben.

Erziehung bedeutet Respekt vor dem andersartigen Weg des Kindes, aber dies beinhaltet, dass man den Start dazu durch das eigene Vorbild sichert.

Man kann ruhig davon ausgehen, dass jedes Kind die Eigenschaften, Begabungen und Fähigkeiten mitbringt, die es für sein Leben braucht. Die Aufgabe wird sein, das Kind aufmerksam zu begleiten. Im abgesteckten und durchaus geregelten Schonraum soll es seine Möglichkeiten entwickeln können und sich ihrer bewusst werden.

Geborgenheit und Sicherheit

Die Begriffe Geborgenheit und Sicherheit werden oft in einen Topf geworfen, obwohl sie Unterschiedliches meinen. Sie haben allerdings einen gemeinsamen Nenner. Dieser heißt: sich auf die Erfüllung der Erwartungen verlassen können. So kann ich mich im Straßenverkehr sicher fühlen, wenn alle die gleichen Verkehrsregeln einhalten. Bei dem Verkehrspolizisten, der an der Kreuzung den Verkehr ordnet, fühle ich mich hingegen nicht geborgen. Merken Sie den Unterschied? Die Geborgenheit entsteht bei Menschen, die einander eng verbunden sind – bei einem Ehepaar, bei Eltern und Kindern, unter Geschwistern –, falls sie sich sicher darauf verlassen können, dass ihre Erwartungen erfüllt werden. Die Geborgenheit ist die Sicherheit in der Liebe.

Ohne Geborgenheit gelingt die Liebe nicht. Innerhalb der Familie muss sich der Mensch auf die Vorbehaltlosigkeit der Liebe verlassen können. Die Frau muss wissen, dass sie von ihrem Mann geliebt wird, obwohl sie gerne schnell und viel redet oder sich mit der Schwangerschaft stark verändert. Der Mann muss wissen, dass er von seiner Frau noch immer geliebt wird, obwohl er seine Socken immer unter dem Esstisch liegen lässt und abends gerne zu spät nach Hause kommt. Das Kind muss wissen, dass es geliebt wird, obwohl es die ganze Nacht durchgeschrien hat, mit seinen Geschwistern ausgerechnet dann Krach macht, wenn die Mama telefoniert, es schlechte Noten heimbringt oder mit Tätowierungen nach Hause kommt. Ohne Vorbehalt lieben heißt jedoch nicht, dass ich über die Vorbehalte schweige. Im Gegenteil: Ich muss meinem Ehemann ganz offen sagen, welche Vorbehalte ich gegen ihn habe, damit er meine Bereitschaft, ihn trotz dieser Vorbehalte zu ertragen und zu lieben, schätzt. Er muss sich nicht unbedingt ändern. Er darf so bleiben, wie er ist. Mit diesen mich immer wieder störenden Eigenheiten habe ich ihn geheiratet. Er soll lediglich wissen, welches Opfer ich bringe, wenn ich ihn, so wie er ist, ertrage. Und er soll wissen, dass meine Liebe größer als mein Ärger ist.

Die Liebe gibt erst dann Geborgenheit, wenn sie sich nicht nur in guten, sondern auch in schlechten Zeiten bewährt, so wie man sich dies bei der Trauung versprochen hat. In guten Zeiten kann jeder Heiratsschwindler lieben.

Geborgenheit muss lückenlos sein. Ein bisschen Geborgenheit gibt es nicht. Mit der Treue verhält es sich genauso. Wenn Sie Ihren Mann fragen, ob er Ihnen treu ist, und er antwortet »Ein bisschen«, dann wissen Sie, dass von Treue nicht die Rede sein kann. Ebenso gibt es nicht ein bisschen schwanger. Diese Zustände müssen voll und ganz sein.

Je eindeutiger sich die Eltern verhalten, umso leichter kann das Kind soziale Verhaltensweisen lernen. Es muss unmissverständlich wissen, dass das Nein wirklich nein bedeutet und das Ja auch als zuverlässiges Ja zu verstehen ist.

Wenn Eltern ihrem Kind ein Übermaß an Freiheit einräumen, ja zumuten, ahnen sie meist nicht, dass dadurch nicht der freie Wille gewonnen, sondern ein Unheil geschürt wird. Bevor das Kind nämlich den eigenen Willen entfalten kann, muss es sich sicher und geborgen fühlen.

Das Geheimnis des guten Schlafes: Jeder Mensch möchte dort aufwachen, wo er eingeschlafen ist. Ob das ein Erwachsener ist oder ein Kind, bei allen Menschen ist das gleich. Auch bei mir. Wenn ich in meinem Pyjama und mit einem Kissen unter meinem Kopf in meinem Bett einschlafe, möchte ich auch so wieder aufwachen. Wenn ich aber aufwache und feststelle, das Kissen ist weg und ich habe ein Nachthemd an, werde ich unruhig und gerate in Stress. So geht es den Kindern auch, wenn sie mit der Brustwarze im Mund einschlafen und ganz alleine im Kinderzimmer aufwachen.

Ohne Sicherheit bzw. Geborgenheit schläft kein Mensch gut. Also brauchen auch Kinder Sicherheit und Geborgenheit, damit sie gut schlafen können.

Die Gebärmutter ist das erste Nest, in das hinein das Kind aus der Ewigkeit heraus geboren wird. Die Gebärmutter (Uterus) hat alle Merkmale des Nestes. Sie ist warm, weich und abgerundet und hat feste Wände. Solange das Kind im Mutterleib sich frei schwimmend bewegen kann, spürt es den Nestcharakter noch wenig. Zunächst spürt es den Rhythmus mehr als den Halt. Erst im Heranwachsen an die festen Wände spürt es deren Schutz, der darin besteht, dass dem Kind zunehmend gleich bleibende, vorausspürbare Erfahrungen garantiert sind. Das Kind kann sich darauf verlassen, dass seine erwarteten Wahrnehmungen zustande kommen.

Jedes Kind spürt in seinem tiefsten Herzen, dass es die Geborgenheit bei seinen Eltern braucht, aber auch Halt und Vertrauen, ja ihre ganze Liebe. Wie diese kindlichen Bedürfnisse verwirklicht werden, müssen aber in jedem Fall die Eltern wissen und die Verantwortung dafür tragen.

Mit der Entbindung wird das Kind zwar in die Außenwelt hineingeboren. Die enge Bindung an die Mutter – leiblich und seelisch erlebt – bleibt aber noch lange erhalten. Bis zum zweiten/dritten Lebensjahr sind die Bedürfnisse nach Geborgenheit und Bindung vorherrschend. Erst allmählich tritt das Bedürfnis nach Loslösung und eigenem Willen in den Vordergrund. Erst allmählich wird aus dem »Es« das »Ich«. Die meisten Kinder entdecken das Wort »ich« um das zweite/dritte Lebensjahr.

Kinder, die sich nicht auf voraussagbare Reaktionen ihrer Umwelt verlassen können, können sich nicht fallen lassen. Sie sind beständig auf der Hut und demzufolge unter Stress. Wenn dieser Stress chronisch ist und vom Kind aus eigener Kraft nicht abgebaut werden kann, schwinden dem Kind – vereinfacht ausgedrückt – die Abwehrkräfte. So kann es sich auch nicht mehr wehren gegen schädliche Stoffe, die sich heute in Nahrung, Luft und Medikamenten befinden.

Fehlt dem Kind die vorbehaltlose Liebe, so bricht ein unerträglicher Schmerz aus. Das gestörte Gleichgewicht verlangt nach Ersatzbefriedigungen, die dann die Ursachen für Abhängigkeit und Unfreiheit sind.

Das Wort Geborgenheit beinhaltet das aktive Fühlen und Handeln der Nächsten – hauptsächlich der Eltern: das Mitfühlen, der Schutz, der Trost und die Liebe, selbst dann, wenn etwas nicht funktioniert, die Treue, das Miteinander. Zur Liebe gehören Geben und Nehmen.

Für die Persönlichkeitsentwicklung eines Menschen ist von entscheidender Bedeutung, wie es ihm in den ersten zwei bis drei Jahren gelang, das Grundbedürfnis nach Bindung und Geborgenheit zu sättigen.

Erschreckend ist, dass wir immer häufiger das Gegenteil vom Festgehaltensein erfahren. Die Bindungslosigkeit ist ein weit verbreitetes Merkmal unserer Zeit.

Wenn das Kind klein ist, braucht es die Sicherheit des Nestes – und das Nest ist immer in der unmittelbaren Nähe der Mutter. Die beste Beruhigung für ein schreiendes, schlafloses Kind ist daher in der Nähe seiner Mama.

Bindung ist von unabdingbarer Bedeutung, denn nur durch die Bindung an seine Familie bekommt das Kind die Chance, Menschlichkeit zu lernen. Indem es liebend seinen Vorbildern nacheifert, entsteht Menschlichkeit, die höchste Form der Liebe.

Die abgebrochene oder aufgelockerte Bindung zur Mutter wird vom Kind als Trauma erlebt.

Wenn der Mensch Geborgenheit in der Liebe vermisst, sucht er Sicherheit bei technischen Geräten, die zuverlässig und immer voraussagbar funktionieren. So kommuniziert mancher Mann lieber mit dem Internet und streichelt die Maus häufiger als seine Frau und seine Kinder.

Die Kraft
der Vorbilder

Das Selbst des freien Menschen entwickelt sich nur über das aktive Erfahren des eigenen Willens, Fühlens und Denkens. Das Lernen läuft über drei Wege: Vorbild, spontanes Handeln, Lenkung.

Das Kind wird mit einer wunderbaren Fähigkeit zur Nachahmung geboren und sucht daher nach Vorbildern, die es verinnerlichen möchte. Das Vorbild muss in seiner Gestalt aber eindeutig sein, sonst ist es für das Kind nicht wahrnehmbar und nicht einzuordnen. Die Eindeutigkeit des Vorbilds muss sich auch in der Wiederholung bestätigen können. Durch die Wiederholung bekommt das Vorbild die Form, in die das Kind gerne hineinwächst, um sich zu formen.

Wenn ich will, dass das Kind lernt, seine Gefühle und Wünsche wahrheitsgetreu zu äußern, dann muss ich als sein Vorbild ihm dafür auch die Form anbieten!

Für die Nachahmung des Vorbildes ist das Kind in den ersten sieben Jahren besonders empfänglich, da es in diesem Alter ein einziges Wahrnehmungsorgan ist. Es möchte durch das Er-Greifen be-greifen. Es möchte das Spürbare, das Sicht- und Hörbare wahrnehmen. Deshalb verlangt es mit seinem ganzen Wesen nach einem wahrhaftigen Vorbild. Mit allen Sinnen nimmt es das Vorbild des Mitmenschen in sich auf. Es ist das Vorbild, das wirkt, mehr als alle Erziehung.

Will man, dass das Kind später bereit ist, auf seine Mitmenschen zu reagieren, so muss ich es ihm vorleben.

Vorbild allein genügt nicht für ein Kind, um die Vielfalt seiner Möglichkeiten entfalten zu können. Es muss sich in einem von Vater und Mutter abgesteckten, das heißt geschützten Rahmen selbständig bewegen und darin bewähren lernen.

Wie lernt ein Kind, seine Eltern zu ehren? Das wirksamste Mittel ist das Vorbild. Die ersten Grundmuster des sozialen Verhaltens schaut das Kind von seinen Eltern ab. Es ist dabei nicht nur ein passiver Zuschauer, denn es bezieht alles Geschehen in seiner Umwelt auf sich selbst. Die Beobachtungen sind zugleich Erlebnisse. So erlebt das Kind bei seinen Eltern, wie sich diese lieben, wie sie sich gegenseitig helfen, wie sie Streitigkeiten austragen und sich versöhnen, wie sie Meinungsunterschiede in Kompromisse umsetzen und an einem Strang ziehen, indem sie trotz aller Vorbehalte stets in Achtung aufeinander bezogen sind.

Der sicherste Schutz gegen Ausübung einer falschen Autorität ist, dass die Eltern die gleichen Regeln einhalten, die sie dem Kind aufstellen. Wenn ich will, dass mein Kind auf meinen ersten Anruf reagiert, muss ich selber auf den ersten Anruf des Kindes reagieren und auf andere verweisen, die als Vorbilder dienen. Zum Beispiel, indem die Mutter ihrem Kind sagt: »Schau, Liebes, was passiert, wenn ich deinen Papa, der im anderen Zimmer sitzt, rufe? Er antwortet sofort, ohne dass ich ihn mehrmals rufen muss.«

Das Vorbild hat in allen Erlebensfeldern des Kindes eine prägende Bedeutung. Wie man mit Freunden umgeht, wie man Bedürftigen hilft, wie man Tiere schützt, wie man sich am Esstisch verhält usw. Wie heißt es doch bei Wilhelm Busch: »Wie man sich räuspert oder spuckt, alles wird trefflich abgeguckt.«

Die wahre Autorität liegt in dem ethischen Prinzip, die Würde des anderen zu beachten. Sie liegt aber auch darin, dass man die Bedingungen und die wahren Bedürfnisse des anderen berücksichtigt.

In der Pubertät gilt das Vorbild der Eltern nicht mehr. Dies gehört zur Pubertät und macht den Eltern häufig Angst. Der Jugendliche aber hat das Recht, das Vorbild der Eltern in Frage zu stellen, sich gegen das Vorbild aufzubäumen, um sein eigenes Selbst- und Weltbild zu erschaffen. Unter diesem Wissen sind kluge Eltern fürsorglich bemüht, rechtzeitig die Türe zu anderen Vorbildern außerhalb der Familie aufzuschließen. Jugend- oder Sportvereine bieten sich dafür besonders an. Hier findet der Jugendliche neue Vorbilder, an denen er sich orientieren kann.

Wenn man von jemandem etwas nehmen will, dann muss man sich zunächst ihm selber geben, das heißt, wenn ich von dem Kind Konzentration, Zielstrebigkeit und Ruhe erwarte, dann muss ich ihm dies vormachen, ihm ein Vorbild geben davon, wie man all dieses macht. Wenn ich von dem Kind Aufmerksamkeit erwarte, dann muss ich sie ihm selber geben, noch bevor ich sie ihm abverlange. Und ich muss selber Wichtiges von Unwichtigem unterscheiden und dem Wichtigen den Vorrang geben.

Mann und Frau sind unterschiedlich. Aufgrund dieser Gegensätze ziehen sie sich an, ergänzen sich, lieben sich, ärgern sich aber auch. Spätestens beim Einkaufen merkt man, dass der Mann anders als die Frau ist. Häufig können sie die Andersartigkeit ihres Partners nicht verstehen. Doch trotz dieser Unterschiede können sie sich gegenseitig tolerieren, sich streiten und wieder versöhnen, Kompromisse schließen, sich achten und sich gegenseitig helfen. Durch dieses mannigfaltige Miteinander, Gegeneinander, Ineinander, Füreinander bieten sie den Kindern ein Vorbild.

Ordnungen im familiären System

Aus der Auseinandersetzung und Vereinigung der Zweiheit Mann und Frau entsteht Elternschaft als neue Qualität und Einheit. Die Paarbeziehung der Eltern ist primär und hat Vorrang vor der Beziehung zu den Kindern.

Zu der Beziehung von Mann und Frau gehört, dass der Mann Mann bleibt und die Frau Frau. Geben und Nehmen muss in der Beziehung zwischen Mann und Frau ausgewogen sein – nicht nur untereinander, sondern bei jedem Einzelnen müssen sich Geben und Nehmen die Waage halten.

Wenn ich als Frau wirklich ein starkes Selbst habe, kann ich gut ertragen, dass der Mann sich mir auch in seiner biologischen Stärke präsentiert. Dass er mich im Arm hält, wenn es mir nicht gut geht, oder dass er mich über den Fluss trägt und ich nicht selber springen muss, dass er mir den Koffer trägt oder die Türe aufmacht und als Erster ins Gasthaus geht, um mich zu schützen vor irgendeinem Betrunkenen und so weiter. Dann kann ich es genießen, denn ich erlebe mich als stark. Aber es ist wichtig, dass der Mann es auch so empfindet. Wenn wir aber immer wieder in Beziehungskrisen geraten, die jedes Mal dazu führen, dass ich mein Gegenüber klein machen muss, dann stimmt etwas in unserer Beziehung nicht.

Im Zeugungsakt geht es nicht nur um das gegenwärtige Erlebnis der Verbindung zwischen Mann und Frau, sondern um einen Zusammenfluss der vielfältigen Kräfte (leibliche und psychische Erbanlagen, Schicksale ...), die von den Vorfahren der väterlichen und mütterlichen Linie kommen, um vereinigt in die Zukunft zu fließen. Erst wenn der Mensch all das, was er von seinem Vater und seiner Mutter bekam, achtet, kann er sich selbst achten.

Wer seinen Vater und seine Mutter nicht liebt, kann auch sich selbst nicht lieben.

Eltern und Kinder stehen nicht auf gleicher Ebene und sind auch nicht gleichberechtigt. Rechte kann erst derjenige bekommen, der auch Pflichten und Verantwortung übernimmt. Dazu sind zunächst die Eltern berufen, aber nicht das Kind. Wenn sich Eltern als Partner und Kumpel auf die gleiche Ebene mit dem Kind begeben, das heißt auf die kindliche Ebene, werden sie kindlich bis kindisch. Das Kind muss sich dagegen auf die Ebene der Erwachsenen erheben, auf der es nicht Kind sein kann, sondern eben erwachsen: Es kann sich auf dieser ihm nicht angemessenen Ebene nicht fallen lassen, es kann nicht unbeschwert sein. Es müsste stets wie der Erwachsene verstehen, wie der Erwachsene entscheiden ... Es wird überfordert.

Im familiären System haben die Eltern die erste Stelle und die Kinder die zweite. Wenn ein Kind die erste Stelle bei der Mutter bekommt und zwischen den Eltern steht, wirkt dies wie ein Wurm im Apfel.

Für ein Kind ist wichtig zu wissen, dass die Eltern in den erzieherischen Zielen übereinstimmen. Schon allein die Tatsache, dass es zwischen zwei »Elternmeinungen« hin und her gerissen wird und weder Vater noch Mutter ernst nehmen kann, macht es unruhig. Was der eine lobt, ist womöglich für den anderen tadelnswert.

Den erzieherischen Auftrag, den Eltern ihren Kindern gegenüber haben, können diese erst dann wahrnehmen, wenn sie (die Mutter/der Vater) ihren geklärten und gefestigten Standpunkt haben. Das beinhaltet
- das Erwachsensein der Eltern;
- die Bereitschaft, dem Kind als erwachsene und überlegene Mutter, als erwachsener, reifer und überlegener Vater die Orientierung für seinen Start ins Leben zu geben;
- der Mensch, der Vater oder Mutter sein möchte, sollte frei sein von eigenen neurotischen Nachholbedürfnissen. Auch das neurotische Nachholbedürfnis ist eine Lücke, die strahlende Sterne verschlingt;
- die Partnerschaft der Eltern sollte so reif sein, dass jeder darin die Erfüllung seiner Autonomie erleben kann, die auf gegenseitiger Liebe und Achtung fußt.

Ich gebe dem Kind nicht weniger Achtung und weniger Rechte auf seine Gefühlsäußerungen wie den Eltern. Das Recht, Gefühle zu äußern, haben sowohl die Eltern als auch die Kinder. Das Kind hat das Recht, als Kind, die Eltern, als Eltern geachtet zu werden. Die Form, wie verletzte Gefühle geäußert werden können, müssen die Eltern als die Reiferen angeben und vorleben. Dies ist die Pflicht der Eltern, keinesfalls die des Kindes.

Wenn sich Eltern zu Partnern und Kumpeln des Kindes machen, zeigen sie sich schwach und unterlegen. Durch einen Schwachen kann sich das Kind aber nicht geschützt fühlen und das Vorbild eines Unterlegenen kann es nicht ehren. So entgeht dem Kind die wesentliche Voraussetzung dafür, dass es seine unbeschwerte Kindheit in sich ruhend erlebt.

Die Reihenfolge der Geschwister richtet sich ausschließlich nach dem Zeitpunkt der Geburt: Das erstgeborene Kind hat die erste Stelle, das zweitgeborene Kind die zweite Stelle ... Darüber entscheidet nicht die Willkür der Liebe, sondern die Kraft des Schicksals.

Die Weichen für eine gelingende Adoption stellt die Achtung zum Kind. Adoptiveltern dürfen sich nicht rücksichtslos an die Stelle der leiblichen Eltern stellen und diese missachten, dem Kind seine Herkunft verschweigen oder diese schlecht machen. Das Kind ist ohne seine Herkunft nicht denkbar. Es ist also unbedingt wichtig, auch die Herkunft des adoptierten Kindes zu achten: das

Land, aus dem es kommt, die Geschichte dieses Landes, die dortigen Traditionen, die Volkskunst, die Rhythmen, die Hautfarbe des Kindes, das schwere Schicksal seiner Eltern.

Damit Erziehung möglich ist, müssen sich die Eltern dem Kind als Eltern darstellen und dem Kind seine Kindlichkeit gestatten. Dazu gehören das Wissen und das Einhalten der Ordnungen in der Familie. Vordergründig ist dafür zu sorgen, dass das Kind seine Eltern ehrt, so dass ihr Vorbild zur Basis seiner Lebensbedingungen wird. Erst auf dieser Grundlage kann es die Verwirklichung seines eigenen Selbst anstreben.

Scheidung und allein stehende Mütter

Da wir so reich und sozial durchorganisiert sind, müssen wir in Notzeiten nicht mehr zusammenhalten. Auf diese Weise entgeht uns jedoch die Chance, in der Not den Freund zu finden. Wir brauchen uns für den anderen nicht verantwortlich zu fühlen, wenn er sich anders als nach unseren eigenen Vorstellungen gebärdet. Weder kirchliche Tabus noch kleinbürgerliche Vorurteile hindern einen daran, sich die Freiheit zu nehmen, sich von dem anderen zu trennen, wenn er sich nicht nach unserem Geschmack entpuppt.

Niemals war eine Scheidung so leicht wie heute. Allerdings nur für die Erwachsenen. Die Kinder büßen die Leichtigkeit der Ehetrennung immer mit großem Schmerz.

In einer schweren Konfliktlage, in der ein Elternteil den anderen aus dem enttäuschten Herzen vertreibt, widerfährt dem Kind großes Unheil. Aus Treue zu dem einen Elternteil müsste es sich mit ihm gegen den anderen verbünden. Es möchte aber auch dem anderen treu bleiben und fühlt sich daher hin und her gerissen. Seine verzweifelten Versuche, zwischen dem Vater und der Mutter zu schlichten, scheitern kläglich.

Ein Kind ersehnt sich verzweifelt die Einheit der Eltern. Jede Spaltung geht wie ein Messer durch sein Herz, es fühlt sich hin und her gerissen, vermisst sein inneres Gleichgewicht und kann nicht in sich ruhen.

Eine allein stehende Mutter mit ihrem Einzelkind hat einen ständigen Begleiter: die reale Angst, dass sie ihrem Kind allein nicht gerecht werden kann.

Solange die Spannung innerhalb des familiären Systems vibriert, reagiert ein Kind wie ein feiner Seismograph. – Das kleine Kind spürt die Wahrheit in seinem Herzen besser, als ein geschulter Psychotherapeut sie erkennen kann. Es ist noch in ein höheres Kraftfeld eingebunden. Das Kind gibt dem Papa die Liebe, die ihm die Frau verweigert. Dadurch jedoch kann es kein Kind mehr bleiben.

Gegen die für ihn unerträgliche Zerstörung des Gleichgewichts muss sich das Kind selbst schützen, wenn ihm niemand anderer zu Hilfe kommt. Dabei kann die Strategie sehr unterschiedlich sein.

Ein dynamisches, extrovertiertes Kind zieht in einen aktiven Kampf. Als treuer Verbündeter des Abgewerteten schlägt es sich auf seine Seite und macht mit allen ihm verfügbaren Aggressionen den Abwertenden klein. Solche Kinder signalisieren mit ihren Terroraktionen, dass mit der Scheidung noch kein Frieden eingetreten ist und dass der Krieg noch weitergeht.

Auch das zarte, introvertierte Kind kann nicht anders, als zu versuchen, der Zerrissenheit möglichst zu entgehen. Es wählt aber nicht den offenen Kampf, sondern die Flucht davor. Es sucht Trost in seinen Tagträumen und sucht seine Geborgenheit nicht in der Bindung an Menschen, sondern an Gegenstände, die ihm zuverlässiger als die Menschen erscheinen. Die technisch perfekt funktionierenden Geräte geben ihm durch ihre Berechenbarkeit mindestens eine sachliche Sicherheit. So landen viele Scheidungskinder bei Gameboys oder im Internet und können von dieser Ersatzbefriedigung sogar süchtig werden. Denn das Grundbedürfnis, die wahre Geborgenheit, bleibt noch immer ungesättigt auf der Strecke.

So oder so übernimmt das Kind Alibifunktion für seine Mutter. Sollte dies nicht gelingen, wäre es eine vernichtende Erkenntnis: »Nun bin ich weder eine gute Bankkauffrau noch eine richtige Mutter. Eigentlich bin ich ein Nichts.«

Die allein stehende Mutter hat es nicht leicht. Eine Aufgabe, die nur eine tapfere, belastbare und großzügige Frau bewältigen kann. So muss sie beispielsweise die Aggressivität ihres Sohnes formen, obwohl der Vater dazu viel besser geeignet wäre. Auch hat sie nur eine eingeschränkte Möglichkeit, durch ihr Vorbild dem Kind zu zeigen, wie der Umgang mit anderen aussieht. Trotz ihrer Enttäuschung in der Partnerbeziehung muss sie das Kind wissen lassen, dass es seinen Vater lieben und achten kann. Den Satz »Du darfst sein wie dein Papa« kann nur eine Frau mit einem großen Herz sagen.

Die einzige Lösung, bei der das Kind sich als Kind fühlen kann, ist, dass die Eltern sich trotz der Scheidung gegenseitig achten und dem Kind gestatten, sowohl die Mutter als auch den Vater zu lieben und zu achten. Dem Kind geht es gut, wenn die Mutter ihm sagen kann: »Ich freue mich, dass du deinen Vater liebst und ihn gerne besuchst. Ich gestatte dir gerne, so zu sein wie er. Ich ehre deinen Vater in dir ...« Ähnliches möchte allerdings das Kind vom Vater hören, wenn er von seiner Mutter spricht. Erst dann kann das Kind seinen Vater und seine Mutter ehren, und es kann ihm trotz der Scheidung seiner Eltern gut gehen.

Geschwister

Es gibt kein besseres Lernfeld für das soziale Verhalten als eine Geschwistergruppe. Hier lernt das Kind sich durchzusetzen und sich anzupassen, sich mit der Rangordnung abzufinden und trotz verschiedener Störungen den anderen zu ertragen. Abends wurde das Kind noch von seinem großen Bruder gekränkt, der wieder einmal als Besserwisser auftrat, aber schon am nächsten Tag ist es froh, dass es in der Spielgruppe von ihm verteidigt wurde. Und auch die Eifersucht auf die kleine Schwester verfliegt, sobald die Mama weg ist und die Kleine getröstet werden muss.

Unnötige Spannungen entstehen, wenn die Reihenfolge der Geschwister von den Eltern nicht eingehalten wird, wenn die Stellen vertauscht oder die Geschwister alle auf die gleiche Stelle platziert werden. Die Reihenfolge muss eingehalten werden, unabhängig von Geschlecht, Begabung oder Behinderung. Dabei gewährt sie Gerechtigkeit nur

dann, wenn sie sich nach dem Zeitpunkt der Geburt richtet. Die Stellen in der Geschwistergruppe unterscheiden sich je nach Rechten und Pflichten. Logischerweise hat der Ältere mehr Pflichten, aber auch mehr Rechte auf Selbständigkeit als der Jüngere.

Sollen sich die Eltern einmischen, wenn Geschwister miteinander streiten oder kämpfen? Die Frage höre ich in fast jeder Diskussion. Meine Antwort: Zunächst sollten die Eltern die Spielregeln für faires Kämpfen einführen. Besonders geeignet ist dafür der Vater, der sich als Mann in den Regeln des Sports meist besser auskennt. Zu den familiären Spielregeln gehört, dass keine Waffen benutzt werden, dass der Größere Unbeteiligte durch den Kampf nicht stört usw. Sobald man sich überzeugt, dass die Kinder die Spielregeln übernommen haben, sollten die Eltern sich nicht mehr einmischen, wenn ihre Kinder untereinander etwas austragen.

Das Erstgeborene

Besonders beim ersten Kind sind viele Eltern unsicher, wenn sich nicht alles so entwickelt, wie sie es erhofft hatten. Warum wird aus dem Traum vom ersten Kind manchmal ein Alptraum?

Weil das erste Kind zwangsläufig das Versuchskaninchen ist. Und: In das erstgeborene Kind projiziert man viele Träume. Alles soll picobello und perfekt sein. Platzen diese Träume, ist die Enttäuschung groß.

Erstgeborene haben es nicht leicht. Zunächst gehörte ihnen die ganze Welt, sie wurden von den Eltern und Großeltern bewundert, bekamen ihre Wünsche erfüllt, ohne je mit einem anderen teilen zu müssen. Wenn ein zweites Kind erwartet wird, rechnen einfühlsame Eltern mit einer möglichen Eifersucht des Erstgeborenen und geben ihm schon vorsorglich eine Ersatzsicherheit, indem sie bei ihm das Bewusstsein »des großen Bruders« oder »der großen Schwester« wecken. Man bereitet das Kind

darauf vor, dass es helfen wird, das Baby zu füttern und zu baden. Und wenn das Baby auf der Welt ist, darf das Erstgeborene »das Große« sein. Je verunsicherter es ist, dass es nicht die gleichen Rechte auf das Stillen, Wickeln und Trösten im Arme hat, sondern eher Pflichten übernehmen muss wie alleine zu essen, sauber zu sein und sich einsichtig zu verhalten, umso mehr werden die Vorteile der Überlegenheit betont: »Wie schön du schon alleine mit dem Besteck essen kannst. – Du kannst schon ganz alleine wie die Großen auf die Toilette gehen.« Die

Hinweise auf die hohe Leistungsfähigkeit bekommen immer mehr die Bedeutung des Trostes und der Ersatzbefriedigung. Das Kind fühlt sich »auch« geliebt, weil es alles besser kann als das Baby. Ohne dass es die Eltern merken, fängt es an, sich nur unter dem Vorbehalt seiner Leistungsfähigkeit geliebt zu fühlen. Es stellt sich selbst unter einen Leistungsdruck. Außerdem wird auf das Erstgeborene oft auch eine anspruchsvollere Erwartungshaltung seitens der Eltern gerichtet: Dies ist das erträumte Kind, der Träger eigener unerfüllter Wünsche. Von dem zweifellos intelligenten Kind erwarten die Eltern, dass es in der Schule eines der besten ist. Dies erwartet das Kind allerdings auch selbst. Denn »der Größere« und »der Größte« zu sein und »alles besser zu wissen« wurde bei ihm zur Ersatzsicherheit, von der es abhängig ist.

Wenn sich das erstgeborene Kind unter Leistungsdruck und Erfolgszwang stellt und demzufolge immer unruhig, depressiv oder verzweifelt ist, wenn es seine große Rolle verliert, muss es im Arme seiner Eltern spüren, dass es trotz seiner Misserfolge geliebt wird. »Ich würde dich lieben, auch wenn du gar nichts wüsstest und du nicht sprechen könntest. Ich sehne mich nach dem Tag, wo du aus der Schule lauter schlechte Noten nach Hause bringst, damit du merkst, dass ich dich liebe, so, wie du bist. Du bist und bleibst mein einziges, erstgeborenes Kind, auch wenn du jetzt in meinem Arme wie ein kleines Kind schreist.« Das ist die beste Medizin gegen den Schmerz der Erstgeborenen.

Grenzen und Regeln geben Halt und Orientierung

Regeln sind nichts anderes als Verträge, die uns unsere Handlungsfreiheit wie auch unsere Handlungsbeschränkung beschreiben, ohne dass die Liebe in Frage gestellt ist.

Am Licht und an Geräuschen erkennt das Kind den Tag, an der Dunkelheit und der Stille die Nacht. Am Tag ist man wach und aktiv, in der Nacht ruht man und schläft. Das ist ein grundlegender Lebensrhythmus. Die Eltern sorgen dafür, dass er eingehalten wird, und lassen nicht zu, dass die Nacht zum Tage wird. Der Schlaf soll nicht unterbrochen sein. Das Gleiche gilt aber nicht für das Wachsein, denn nicht alle Erwachsenen sind in der Lage, den ganzen Tag über aktiv zu sein. Sie haben das Bedürfnis, ihre Kräfte durch Ruhepausen zu regenerieren. Auch von einem Kind kann man nicht erwarten, dass es den Tag ohne zu ruhen wach durchsteht. Es braucht immer wieder Ruhezeiten.

Wenn ich will, dass das Kind Regeln akzeptiert, ist es zuallererst an mir, Regeln zu akzeptieren.

Im gegliederten Tagesablauf wird dem Kind durch die Wiederholung bewusst, dass bestimmte Tätigkeiten ihren bestimmten Platz in der zeitlichen Tagesabfolge haben. Dies bildet die Grundlage für sein Zeitgefühl.

Die Ordnungen von Zeit, Raum und Lebenskraft sind nicht durch Worte oder durch den Fernseher zu vermitteln, durch keine Abstraktion. Sie sind nur durch die konkrete Wahrnehmung über den eigenen Leib und die eigenen Sinne zu gewinnen. Durch die Wiederholung der konkreten Erfahrung kann das Kind Vertrauen zu sich selbst, aber auch Vertrauen in die Welt gewinnen. Durch die wiederholte Wahrnehmung der immer wiederkehrenden Zeiteinteilungen (Tag, Woche, Monat, Jahr und die sich darauf beziehenden Rituale) gewinnt es Vertrauen zu höheren Prinzipien und fühlt sich unter ihnen geborgen.

Selbst dem Erwachsenen geht es so, dass er unruhig wird und Hilfe beanspruchen möchte, wenn er den Überblick verliert und ungeordneten Reizen ausgeliefert ist. – Wie mag es dem kleinen Kind ergehen? Ohne den Schutz der Bezugsperson, die den Überblick hat und die einstürmenden Reize filtern kann, muss sich das Kind in einer beständigen Unruhe befinden.

Die Regeln des Einschlafens und Durchschlafens bestimmen ausnahmslos die Eltern. Sie sorgen dafür, dass Tag Tag ist und Nacht Nacht, und dass vor dem Ins-Bett-Gehen (in einer entspannen Atmosphäre) ein bestimmtes Ritual immer wieder erfolgt.

Wenn das Kind rechtzeitig und regelmäßig abends zu Bett ginge und durchschlafen würde, hätte es am Tag die Chance, ausgeglichen und tatkräftig zu sein. Diese Chance muss ihm entgehen, wenn die Eltern zulassen, dass es die Nacht zum Tage macht. Stattdessen verbraucht es seine Energien und die der Eltern für seine sinnlosen nächtlichen Ruhestörungen.

Ein Kind kann sich in der Nacht bestens erholen, wenn es abends regelmäßig immer zur gleichen Stunde und an einem bestimmten Platz einschlafen und sich darauf verlassen kann, dass sich die Mama am frühen Morgen mit liebevollem Lächeln zu ihm hinabbeugt und sich freut, dass ihr Kindlein schon wieder wach ist. – Das klingt wie Utopie? O nein, der Schlaf des Kindes war nie ein großes Problem. Allerdings gilt diese Behauptung nur für gesunde Kinder. Ein fieberndes, von Schmerzen geplagtes Kind machte seinen besorgten Eltern schon immer die Nacht zum Tag.

Ich wünsche jedem Kind eine regelmäßig eingehaltene Mittagsruhe! Das Kind muss dabei nicht schlafen, wenn es kein Bedürfnis danach hat. Aber es sollte liegen und es gut und warm haben und so eingebettet sein, dass sein Bewegungsdrang spürbar gehemmt ist, eingewickelt in eine Decke, die Füße unter einem Kissen, im Garten in der Hängematte. Alle nach außen gerichteten Aktivitäten sollten unterbunden sein.

Wodurch kann man dem Kind den Tagesablauf markieren? Sehr gut eignen sich die Mahlzeiten, denn auch die Liebe zum Rhythmus geht durch den Magen. Das Kind erlebt: Zum Frühstück trinke ich Kaba und esse mein Müsli, mittags gibt es Suppe, Salat und warmes Essen, und wenn ich meinen Teller leer gegessen habe, gibt es danach einen Nachtisch – vorher nicht! Nach der Mittagsruhe gibt es Kuchen und etwas zum Trinken. Abends Brot und ...

Im wahrsten Sinn des Worts verinnerlicht das Kind die Mahlzeit. Es geht nicht nur um Sattwerden, sondern um alle Erlebnisse, die sich um das Essen ranken. Vor allem aber ist es die soziale Erfahrung, die das Kind am gemeinsamen Tisch immer und immer wieder macht. Allerdings kann es diese nur dann sammeln, wenn es am Tisch mit anderen zusammentrifft, man aufeinander wartet und gegenseitig Rücksicht übt.

Die Mahlzeiten sollten verbindlich und zu geregelten Zeiten erfolgen – nur so kann das Kind seine innere Uhr und ein gesundes Hungergefühl ausbilden.

Inneren Halt kann das Kind nur dadurch gewinnen, dass es den Halt von außen erfährt. In dem Maß, wie sich seine Neugierde und sein Wirkungskreis ausweiten, seine Belastbarkeit und seine Fähigkeiten wachsen, werden ihm die Grenzen gesetzt und ausgeweitet und ihm Unterstützung gewährt. Unter dem Schutz dieses Nestes erwirbt es die Grundausrüstung für seinen Lebensweg, den Umgang mit der Polarität. Es lernt das »Nein« und die Einengung zu ertragen, um sich umso mehr am »Ja« und der Freiheit zu erfreuen. Es lernt Angst und Schmerzen zu ertragen und gewinnt seinen Lebensmut immer wieder aufs Neue zurück.

Ein wichtiger Grundsatz lautet: Äußern Sie eindeutige Gefühle. Freude und Ärger (und damit Lob und Tadel) sollte ein Kind am Tonfall und der Mimik von Mutter und Vater auseinander halten können. Zweideutige Botschaften, wie zum Beispiel: »Schätzchen, du nervst mich heute wieder ganz schön«, mit gequälter Stimme, aber lächelndem Gesichtsausdruck vorgebracht, schüren ein Wischiwaschi, das für das Kind unerträglich ist. Je temperamentvoller das Kind ist, umso mehr reagiert es darauf mit Aggression. Es muss ja dieses unklare, matschige Gegenüber verhindern, unter dem sein Bedürfnis nach Geborgenheit hungert.

Nur das eindeutig ausgedrückte Gefühl gibt dem Kind die Chance, sich einzufühlen und aus Liebe zu den Eltern Rücksicht zu üben.

Zweideutigkeit fordert Kinder zur Provokation und Unruhe förmlich heraus, während Eindeutigkeit wahrnehmbar und annehmbar ist, weil sie Sicherheit gibt.

Setzen Sie Ihrem Kind ganz klare, einhaltbare Grenzen. Wenn diese Grenzen ganz verlässlich sind, geben sie große Sicherhcit. Zu diesen Grenzen gehören nicht nur Verbote, sondern auch Erlaubnisse: die Ermutigung zu weiterem Tun und die offen geäußerte Freude an allem Guten.

Konsequenz sollte Eltern nicht beunruhigen. In der Kindererziehung wirkt sich die Angst vor Fehlern, die aufgrund unklarer Konzepte entstehen, viel nachteiliger aus. Eine klare, nachvollziehbare Linie gibt dem Kind ein Gefühl der Sicherheit, des Sichverlassen-Könnens, also jene Art von Geborgenheit, die für jedes Kind unverzichtbar ist.

Erwachsene geben dem Kind die Aufmerksamkeit oft nur dann, wenn es stört. Aber sie geben die Aufmerksamkeit nicht, wenn das Kind sich artig verhält und konzentriert spielt. Auch das ist ein Grund dafür, warum die Kinder so leicht in Störverhalten gleiten. Schließlich bekommen sie nur über das Störverhalten, wonach sie suchen und worauf sie angewiesen sind: die Aufmerksamkeit des Erwachsenen.

Die wichtigste Voraussetzung dafür, dass sich ein Kind überhaupt erziehen lässt, ist die Beziehung.

Wie entwickelt sich das Gewissen? Zunächst werden dem Kind »Ja« und »Nein« durch mehrere Sinne vermittelt. Es sieht im Gesicht der Mama das »Nein« geschrieben. Sie schüttelt ihren Kopf. Es hört das »Nein« in ihrer Stimme, vor allem aber fühlt es mit seinem ganzen Leib, wie die Mama den Gegenstand seiner Wünsche entfernt. In der nächsten Stufe kann das Kind unter Umständen auf die Berührung verzichten, weil das »Nein« der Mutter, in ihrem Gesicht abgelesen und in ihrer Stimme deutlich vernommen, auslöst, dass es seinen Bewegungsimpuls selber hemmt. Es muss die Mutter aber noch sehen und hören. In einer weiteren Stufe genügt es ihm, das »Nein« der Mama auf eine größere Entfernung, zum Beispiel von einer Etage zur anderen oder von einem Zimmer zum anderen, zu hören. Wenn der Blick der Mutter ausreicht, um das Kind von diesem oder jenem abzuhalten, dann ist die Stimme der Mutter so weit verinnerlicht, dass sich das Kind nur noch an dem beobachteten Gefühl der Mutter orientiert. Es fühlt sich in die Mutter ein, indem es den Blickkontakt hält und die Botschaft des mütterlichen Blicks entschlüsselt.

Die höchste Stufe der Gewissensbildung ist die totale Verinnerlichung der Wahrnehmung der »elterlichen Stimme«.

Quicklebendige, energiegeladene, den Widerstand und Grenzen herausfordernde Kinder betrachte ich als Gottessegen. Solche Kinder, die Erwachsenen von morgen, brauchen wir zur Erneuerung der Menschlichkeit auf dieser Erde. Allerdings brauchen die Kinder eine intensive Steuerung ihrer Kräfte. Man kann ihre Lebenskraft mit einem

Gebirgsbach vergleichen, der von den Bergen tosend hinunterfließt. Je rauschender der Wasserfall ist, umso eher braucht er ein Flussbett, das tief und breit genug ist: Zwei feste Ufer, links und rechts, regulieren den Strom, damit er keine unnötigen Stauungen und Überschwemmungen erfährt und das Leben an den Ufern nicht gefährdet, sondern mächtig fließen kann.

Die Lebenskraft des Kindes braucht genauso wie der Gebirgsbach eine Regulierung. Die zwei festen Ufer bilden die klare, zuverläsige Orientierung zwischen dem Schlechten und dem Guten, die durch ein eindeutiges »Nein« und ein eindeutiges »Ja« unverwechselbar markiert werden.

Strafe und Lob

Muss Strafe sein? Leider ja. Weil die Kinder in eine Gesellschaft hineinwachsen, die noch organisierter sein wird und demzufolge noch strengere Regeln und Gesetze ausstellt. Wir werden noch mehr Autos haben und deshalb müssen wir auch mit strengeren Verkehrsregeln und höheren Ökosteuern sowie mit Strafen im Falle des nicht eingehaltenen Gesetzes rechnen. Die Schlussfolgerung für die Erziehung der Kinder heißt: Strafen müssen sein, allerdings müssen diese jeweils im logischen Zusammenhang mit der begangenen Tat stehen. Wenn das Kind sein Fahrrad leichtsinnig auf dem Gehsteig liegen lässt, muss es eine Zeit lang auf sein Fahrrad verzichten. Wenn ein Kind seinem Mitschüler wehgetan hat, soll es sich bei ihm entschuldigen und etwas Gutes für ihn tun.

Klaps, Ohrfeige und Prügel sind keine geeigneten Strafen.

Manche Eltern meinen, es sei gut, auf kindliches Störverhalten mit dem gleichen Verhalten zu reagieren. Nach dem Motto: Wenn du auf meinen Anruf nicht reagierst, reagiere ich auf deinen Anruf auch nicht, damit du weißt, wie dies ist. Dies ist ein folgenschwerer Irrtum. Da die Eltern für das Kind Vorbild sind, wird das Verhalten des Kindes dadurch nur bestätigt. Außerdem degradieren sich die Eltern auf die Ebene des kindlichen Störverhaltens. Auch das Kind durch Isolation zu strafen ist nicht gut. Ich bin überzeugt, dass die heutige Konfliktunfähigkeit und die hohe Scheidungsquote darauf zurückzuführen sind, dass es lange Zeit üblich war, einen hinauszuschicken, wenn das Verhalten als störend empfunden wurde. Wer stört, muss weg!

An Mahnungen und Strafen wachsen wir nicht. Sie belehren uns lediglich, was uns aber in der Regel wütend macht. Aus Angst vor weiterer Bestrafung steuern wir unser Verhalten. Wir tun es jedoch nicht gerne. Fruchten tut nur, was wir gerne tun.

Ich muss das Kind immer wieder loben für das, was es schon kann und wie es sich verhalten hat. Das ist sehr viel sinnvoller, als das Kind zu tadeln, wenn es etwas falsch gemacht hat. Denn durch die konsequente Bestätigung wird sein Selbstbewusstsein gestärkt.

Herausforderungen: Unruhe, Trotz, Aggression

Die eigentliche Botschaft der vielen unruhigen Kinder ist, dass das menschliche Gleichgewicht aus den Fugen geraten ist. Der Mensch kann nämlich nur dann in sich ruhen, wenn er mit sich und der Welt im Ein-Klang ist.

Hinter dem ablehnenden Verhalten des Kindes sind nicht nur Hass und Enttäuschung, sondern auch Liebe, die sich wegen ihrer Verletzung im Rahmen dieser Ambivalenz nicht durchsetzen kann.

Hinter der zwanghaften Machtausübung des kleinen Tyrannen steckt die Angst vor Verlust der Macht, in der die Angst vor Verlust der Sicherheit und Geborgenheit verborgen ist. Letzten Endes ist es eine Angst vor Verlust der Liebe.

Um die unerträgliche Unruhe des Kindes zu mildern, neigen viele Eltern dazu, abzulenken. Sie bedienen sich dabei lukrativer und demzufolge bewährter Angebote wie Getränke, Leckerbissen und Fernsehen.

Die Kinder konsumieren fortwährend irgendetwas, auch die Kraft der Eltern, ohne dass von den Eltern der anstrengende Versuch unternommen wird, die hinter der Unruhe des Kindes pulsierende Lebensenergie auf das kreative Erleben hin zu kanalisieren. Das Essen und Trinken wird hier zur Leerlaufhandlung degradiert, denn die Kinder sind weder hungrig noch durstig.

Im Symptom der Hyperaktivität kommt immer Stress zum Ausdruck.

Je verunsicherter die Eltern sind, umso mehr kommt das Kind in Stress und reagiert mit Hyperaktivität. Je weniger es den Stress abbauen kann, umso anfälliger wird es für die Allergie. Die Allergie bedeutet Stress für Kind und Eltern zugleich und trägt zur weiteren Verunsicherung der Eltern bei. Die Verunsicherung wird wieder an das Kind weitergegeben, erzeugt Stress usw.

Erfährt ein Kleinkind mangelhafte Unterstützung, seine Konzentration und Aufmerksamkeit zu entwickeln und Phasen der Aktivität und des Ruhens zu erleben, wird es durch ungeordnete Reizangebote überfordert.

Ich bin überzeugt, dass die heutige rücksichtslose Aggressivität der Kinder darauf zurückzuführen ist, dass der Aggressionstrieb im Kleinkindalter mangelhaft geformt wurde. Es gibt Krabbelgruppen, in denen den ein- bis zweijährigen Kindern gestattet wird, sich gegenseitig zu schubsen, zu beißen und zu schlagen. Für die Kinder kann dies sogar attraktiv sein, denn das angegriffene Kind schreit meist kräftig, und das ist viel interessanter, als auf einen stummen

Teddybär einzuschlagen. Aber was schreibt sich dadurch dem Kind in sein sich formendes junges Gehirn ein?

Die Aggressivität hat wie jede Erscheinung zwei Seiten. Sie ist nicht nur negativ, sondern sie kann auch positiv sein, wenn sie in den Dienst der Verteidigung des Guten gegen das Böse gestellt ist. Diese klare Unterscheidung kann das unerfahrene Kind von alleine nicht wissen. Hier sind die Eltern gefragt, sie haben die Verantwortung dafür zu übernehmen.

An einem sonnigen Tag sah ich eine junge Mutter mit ihrem etwa dreijährigen Sohn. Sie trug einen langen, wehenden Mantel und ging flotten Schritts am Ufer des Bodensees. Der Junge ging hinter ihr, hielt in seiner Hand einen Stock, mit dem er immer wieder auf seine Mutter einschlug. Dabei juchzte er jedes Mal laut und rief: »Hopp, hopp, Pferdchen.« Diese Szene hielt ich nicht aus. Immer wenn ich sehe, wie sich Eltern von ihren Kindern schlagen lassen, denke ich an den Untergang der Menschlichkeit auf dieser Welt. Ich sprach die Frau an, sie solle sich von ihrem Jungen nicht schlagen lassen. »Das tut doch gar nicht weh«, meinte sie gelassen. »Aber der Junge kann in seinem Alter noch nicht wissen, dass der lange Mantel die Schläge abfedert. So viel Vorstellungskraft für Zusammenhänge hat er noch nicht«, sagte ich. »Sie haben Recht«, antwortete die Frau voller Einsicht, »aber das ist doch nur ein Spiel.« Darauf erwiderte ich: »Aber das Kind kann in diesem Alter noch nicht zwischen Spiel und Wirklichkeit unterscheiden. Auch die Grenze zwischen Wahrheit und Phantasie ist noch nicht ausgebildet.« Die junge Mutter stimmte mir einsichtig zu und gab ihrem Jungen die richtige Steuerungshilfe. Sie sagte ihm klar und unmissverständlich: »Mich wirst du nicht mehr schlagen. Aber du darfst mit deinem Stock gegen diesen Zaun und gegen diesen großen Stein schlagen.« Eine wichtige Hilfestellung, um die Aggressivität umzupolen.

»Kinder, die niemals trotzig waren, haben sich nicht normal entwickelt.« Deshalb gebührt dem Umgang mit dem Trotz besondere Aufmerksamkeit. Es wäre für das erwachende Ich-Bewusstsein schädlich, den

»heiligen Zorn« jedes Mal durch Ablenkungen oder zärtliches Trösten zu hemmen, als handle es sich um ein Baby. Diese großartige Bereitschaft des zwei- bis dreijährigen Kindes, Widerstand und damit Grenzen zu erleben sowie seine eigene Kraft, aber auch die seines Gegenübers zu spüren, das heißt das Verhältnis zwischen Ich und Du, darf nicht bestraft werden. Das Kind muss die Gewissheit haben, dass es seinen Widerstand spüren darf.

Ein Kind muss wissen, dass es körperlich nicht angreifen und für seine aggressiven Auseinandersetzungen weder Fäuste noch Füße benutzen darf, sondern lediglich den Mund. Von Antlitz zu Antlitz darf es auch die Eltern anschreien, um seinen Ärger und seinen Schmerz auszudrücken. Niemals aber sollte dies auf eine Distanz geschehen, die keine Versöhnung möglich macht. Auch hier sollten die Eltern als Vorbild dienen: Wenn das Kind später Worte, Argumente und Gegenargumente beherrscht, wird es die aggressive Konfrontation, die zur Wiederherstellung des Friedens dient, ohne Umarmung im Gespräch pflegen können. Eine wichtige Vorarbeit für die Pubertät, denn in dieser Zeit sollte auf Umarmungen verzichtet werden. Zwar sehnt sich auch der Pubertierende nach Umarmungen, aber nicht von den Eltern.

Krisen
gehören zum Leben

Mit Sicherheit ist anzunehmen, dass das Kind im Mutterleib nicht nur angenehme Erfahrungen macht, sondern auch dramatische Krisen durchlebt. Die Ängste der Mutter spürt auch das Kind; durch den veränderten Herzschlag der Mutter wird es verängstigt, es nimmt Teil an ihrem erhöhten Adrenalinspiegel. Es macht aber auch eigene Gefährdungen durch, zum Beispiel wenn es unter Sauerstoffmangel gerät oder sich die Nabelschnur um den Hals wickelt. Die Krisen sind sicher schwer. Jedes Mal aber kehrt das Kind durch das rhythmische Wiegen in die Urvertrautheit zurück.

Auch die Geburt selbst ist für das Kind eine Krise. Nach der schier unerträglichen Enge der letzten Tage im Mutterleib muss es den schweren Weg durch den Geburtskanal auf sich nehmen und sich den Gegensätzen in der Welt stellen. Sämtliche Sinne sowie die Art des Atmens, der Nahrungsaufnahme und der Körperlage müssen sich neu orientieren: Anstelle von Dunkelheit erlebt es jetzt Helligkeit, anstelle von vertrauter

Wärme Kälte, anstelle des Lebens im Wasser nun Trockenheit, anstelle der Einengung Freiheit für seine Bewegungen. Mit diesen nicht vorhersehbaren Erfahrungen kann das Kind noch nicht alleine umgehen. Es braucht den Schutz der Mutter. Indem sie es an ihre Brust legt, kann das Kind durch das vertraute Wiegen auch den Herzschlag und die Stimme der Mutter wieder erkennen und den sanften Dialog fortsetzen, der durch die Geburt unterbrochen wurde.

Die tiefste Krise ist zugleich auch eine Wiedergeburt. Hier stirbt das alte, eitle Ich ab, das sich selbst nur im Erfolg und unter einer schönen, makellosen Fassade lieben konnte, und das neue Ich wird geboren für neue Werte, für die große Vereinigung mit dem Kleinsten und Schwächsten, für die wahre Liebe. Wo man alles verloren hat, hat man alles gewonnen.

Die Begegnung mit einer unausweichbaren Krise kann im Rahmen des Gesetzes der Polarität eine beinahe an ein Wunder grenzende Chance sein.

Der Verstoß gegen die schöpfungsbedingten Ordnungen erzeugt – wie jeder Verstoß gegen das große Ganze – Krankheit, und diese macht dann Therapie notwendig.

Gibt man einem Kind stets Nahrung, um es zu beruhigen, macht es die Erfahrung, dass es sich nur beruhigen kann, wenn es etwas trinkt oder wenn jemand für es da ist.

Ohne Krisen hat der Mensch keine Chance zum Wachsen. Dies ist sein Dilemma, sein schweres Schicksal. Dem Menschen geht es nicht anders als einem Baum. Je mehr sich seine Wurzeln mit Steinen und anderen Hindernissen im Boden auseinander setzen, je mehr er sich den Gegensätzen wie Hitze und Frost, dunkel und hell stellt, umso kräftiger wird er. Die Kraft gibt ihm kein Gärtner, die muss der Baum aus seiner eigenen Substanz schöpfen. Der Baum hat Last auf sich genommen und ist belastbar. Demzufolge gedeiht er.

Diese Weisheit muss der Mensch nicht erst mittels esoterischer Bücher erkennen. Jeder Gärtner versteht es und sogar jeder Laie weiß, dass er den Wurzeln so viel Platz lassen muss, wie er der Krone geben möchte. An einem solch ausgewogenen Baum haben wir Freude. Er erfüllt den Sinn.

Schon ein kleines Kind muss lernen, mit Frustrationen umzugehen. Ein Baby kann noch nicht warten, da es noch keinen Zeitbegriff kennt. Hat ein Kind Bedürfnisse, sollen diese sofort befriedigt werden.

Wenn ein Kind nach Rhythmus verlangt, dann soll dem Kind der Rhythmus gegeben werden (Hängematte, Wiege, Tragetuch). Aber dem größeren Kind ist schrittweise zuzumuten, dass seine Wünsche nicht gleich erfüllt werden und es lernen muss, kleine Enttäuschungen zu ertragen.

Nicht weniger als über den Sternenhimmel staune ich über die Weisheit Gottes, mit der er den Menschen die Liebe zum Feind vermittelte. Im Rahmen der Polarität der Gefühle gehört nämlich auch Trauer und Wut zu unserem sozialen Dasein, sofern wir sie in Freude und Liebe umwandeln. Solange das Kind diese Verwandlungskraft noch nicht besitzt, braucht es dazu die Hilfe der Mutter oder des Vaters. Bei einem großen Konflikt, wo der Pol des Hasses größer ist als der Pol der Liebe, ist diese Kraft umso notwendiger. Das Streben, vor dem Feind zu fliehen, ist allen Lebewesen angeboren. Dieser Instinkt wirkt bei Krokodilen, Wölfen und Tausendfüßlern genauso wie beim Menschen. Der Mensch (und auch noch die mit ihm verwandten Affen) bekam aufgrund der biologischen Zugehörigkeit zur Gattung der so genannten Traglinge ein Training in der Liebe zum Feind. In den prägenden ersten drei Jahren lernt er, während er am Körper der Mutter oder einer anderen Bezugsperson getragen wird, dass sie bei Beziehungskonflikten nie voneinander weggehen, sondern den Konflikt ausdrücken, austragen und sich aussöhnen. Wenn das Kind einmal reifer ist, kann es zum Austragen eines Konfliktes auch die sprachliche Argumentation benutzen. Seinen prägenden Erfahrungen zufolge wird es aber dazu neigen, bei einem Konflikt so lange in der Nähe des Gegenübers zu verbleiben, bis dieser gelöst ist.

Lassen Sie die Kraft Ihrer Liebe walten! Auf jeden Fall braucht Ihr Kind Ihre Nähe, die es körperlich spüren muss. Es muss die Bindung an Sie körperlich wahrnehmen, um Sie zurückgewinnen zu können. Nehmen Sie Ihr Kind ganz dicht an sich. Ermutigen Sie

es, seinen Schmerz in Ihrem Arm auszuschreien und auszuweinen, und lassen Sie es Ihren eigenen Schmerz, Ihr eigenes Leid, Ihre eigene Sehnsucht nach der Erneuerung der Liebe spüren. Halten Sie Ihr Kind so lange fest im Arm, bis es erlöst ist – bis es Ihnen beiden so gut geht wie in den allerbesten Zeiten, vielleicht sogar besser als je zuvor.

Keine Angst vor Fehlern

Die Eltern von heute werden viele Fehler machen, so wie auch schon ihre eigenen Eltern viele Fehler gemacht haben. Aber das dürfte nicht abschrecken. Ohne Fehler findet keine Entwicklung statt, ohne Probleme gibt es keine Lösung. Entwicklung ist ja nur in Kontrasten möglich und schließt den Fehler ein. Nichts ist gefährlicher für Kinder, als vollkommene Eltern zu haben.

Den größten Fehler begehen Eltern, wenn sie sich dauernd mit der Angst vor Fehlern plagen. Diese Angst überträgt sich dann auf das Kind.

Ein Kind aber akzeptiert lieber eine sichere Mutter, die eindeutig zu ihren Fehlern steht, als eine, die zwischen »Ja« und »Nein« schwankt.

Wie kann das Kind lernen, mit Fehlern umzugehen, wenn nicht am Vorbild der Eltern? Die Empfehlung ist eindeutig: Die Eltern müssen Fehler machen, zu Fehlern stehen und diese wieder gutmachen. Dabei sollten Kinder die Gelegenheit haben, dies bewusst zu beobachten.

Unschlüssigkeit der Eltern ist für das Kind eine Qual. Sie raubt ihm die Geborgenheit. Jede schlechte Sicherheit wird es besser ertragen als die ewige Unsicherheit einer kindlich ängstlichen Mutter. Stellen Sie sich dazu die Kinder in den Armen ihrer äthiopischen Mütter vor. Trotz Hunger haben sie volles Vertrauen zu ihren Müttern.

Eltern begehen den allergrößten Fehler, wenn sie sich zwanghaft bemühen, fehlerfrei zu sein, und sich mit Fehlern (in der Erziehung) ihrer Kinder selbstzerstörerisch quälen: Sie opfern ihre elterliche Gelassenheit. Vor lauter Prüfung einzelner Bäume können sie den Wald nicht genießen.

Kinder wollen die Welt entdecken

Zunächst kann das Kind seine Umwelt nicht anders aufnehmen, als dass es diese wahrnimmt. Seine Wahrnehmung ist ganzheitlich. Die Ganzheitlichkeit besteht darin, dass alles, was es mit den Sinnen erfasst, zu Gefühl wird, und was gefühlt wird, wird innerlich erlebt. Das Kind lacht mit dem ganzen Körper und ärgert sich mit dem ganzen Körper. ... Weil es alles auf sich selbst bezieht, setzt es auch voraus, dass alle fühlen wie es selbst. Es kann noch nicht verstehen, dass andere anders fühlen. Bis ins dritte Jahr kann es »Ich« und »Du« nicht trennen und Lebendiges und Unlebendiges nicht unterscheiden. Bis ins siebte Lebensjahr können sich Phantasie und Wirklichkeit noch verweben. Der Säugling betrachtet die Rassel als seine verlängerte Hand und das Stofftier, mit dem es schläft, als seinen Freund und Beschützer.

Wenn Kinder in einer armen Gesellschaft mit einem Auto spielen wollen, müssen sie es sich selbst herstellen. Sie schauen nach alten Rädern und Brettern in Scheunen, versuchen mit Onkeln und Nachbarn um Werkzeug und Werkbank zu verhandeln, und damit das Auto fährt, müssen es die Kinder miteinander ziehen oder schieben. An diesem Beispiel merken Sie, wie die kindlichen Kräfte wie Phantasie, Kreativität, Konzentration, Wahrnehmung, Körperkraft, handwerkliches Geschick und soziales Verhalten sinnvoll eingebunden sind. Ein reiches Kind, das jede Menge und jede Vielfalt von gekauften Spielautos besitzt, spielt mit diesen nur kurz, oftmals eintönig und klagt schnell, dass ihm »langweilig« ist.

Bei den heute vorherrschenden einseitigen, auf technisches Funktionieren angelegten Freizeitaktivitäten verkümmern wichtige, vom Kind mit auf die Welt gebrachte Anlagen, noch ehe sie die notwendige Formung erfahren haben: Durch das Aufnehmen fertiger Bilder – leider häufig nur als Karikatur der Wirklichkeit angeboten – verkümmert die Wahrnehmung der Lebensrealität, aber auch die Vorstellungskraft.

Bevor das Fernsehen unsere Wohnzimmer erobert hatte, konnte das Kind beim Anhören einer Geschichte noch seine eigenen Bilder ausbilden. Durch das Zusammenspiel der Sinne wurde der eigene innere Reichtum veranlagt. Das Kind konnte sich in aller Ruhe die Zeit nehmen, die zur eigenen Verarbeitung und Erarbeitung notwendig war.

Heute dagegen lässt ihm das Gerät die Zeit nicht – es spult sein Programm ab, unabhängig vom Kind, denn es ist ja auch nicht für den individuellen Gebrauch bestimmt, sondern für die Masse. Das Gerät bombardiert hauptsächlich einen Sinneskanal: der Fernseher das Sehen, der Walkman das Hören. Eine Abspaltung einer einzelnen Sinneswahrnehmung auf Kosten des ganzheitlichen Erlebens.

Die Fernsehtante und der Walkmanonkel können nun einmal nicht die Fragen des Kindes beantworten, die es hat. »Warum haben denn die Zwerge nicht den Doktor gerufen, als das Schneewittchen so krank war?« Und so bleibt das Kind alleine und verunsichert mit der oberflächlichen Verarbeitung zurück. Die Folge: Eine Abspaltung von Informationen und Verarbeitung sowie eine Abspaltung des Aufgenommenen vom Gefühl und eine zunehmende Abstumpfung.

Lassen Sie Ihr Kind immer wieder frei experimentieren. So wichtig das Vorbild in der Wegweisung auch ist, genauso wichtig ist es für das Kind, seine eigene Weise erproben zu können. Dazu benötigt es den geschützten Raum. Nur im geschützten Raum kann es sich ganz auf seine Experimente konzentrieren.

Haben Sie, liebe Eltern, deshalb keine Angst vor kleinen Räumen für das Kind. Aus Ihrer Sicht mag der kleine Raum eine unangenehme Einengung darstellen. Ihr Kind hat aber eine andere Sichtweise, eine andere Vorstellung, es hat noch die Sicht des Nesthockers. Das Grundbedürfnis des Kleinkinds ist nämlich das Bedürfnis nach Geborgenheit und nicht das nach Freiheit.

Es mag die kleinen Räume, die Höhlen, die Verstecke, die kleinen Häuschen, es sehnt sich geradezu danach. Sie werden das selbst schon beobachtet haben. Trauen Sie also Ihrer eigenen Beobachtung!

Von Kindern lernen

Es ist ein großer Vertrauensbeweis, wenn Kinder dem Erwachsenen von ihren unsichtbaren Freunden erzählen, ob es nun Zwerge sind, irgendwelche Geisterchen, Schutzengel oder Prinzen und Prinzessinnen oder ganz einfach verwandte und nah empfundene Seelen. Für das Kind sind Stein und Strauch lebendig, und es erfährt auf eine dem Erwachsenen meist verborgen bleibende Weise Schutz oder Bedrohung.

Wer nicht verstanden wird, fühlt sich einsam und ungeliebt. Wollen wir, dass unsere Kinder sich so fühlen? Doch wohl nicht. Aber wenn wir uns nicht einfühlen in ihre Welt und sie behutsam herüberleiten in die Welt der Erwachsenen, müssen sie sich verlassen, verloren, unverstanden und überfordert fühlen.

Mit der Präzision einer Schwalbe, die jedes Frühjahr aus dem Süden kommend ihr Nest im Stall wieder findet, weiß auch die Seele des Kindes von ihrem Zuhause, das bei der Mutter und beim Vater ist. Dafür muss ein Kind nicht das vierte Gebot kennen, um zu wissen, dass es einem Menschen nur dann auf der Erde gut gehen kann, wenn es Vater und Mutter achtet.

Es ist erstaunlich, wie Kinder vorbehaltlos lieben können. Das Kind liebt seinen geschiedenen Vater, obwohl er seinen Geburtstag schon wieder vergaß. Es liebt seine Mutter, obwohl der Vater und die Großeltern auf sie schimpfen und sie deshalb trinkt. Spricht ein Kind von seinen Eltern schlecht, dann nur deshalb, weil es die Vorurteile und Urteile der Erwachsenen übernommen hat. Das reine Herz des Kindes ist die Liebe selbst.

Liebe und Erziehung

Aufgrund meiner langjährigen Berufserfahrung im Bereich der Rehabilitation traue ich mich, das Sprichwort »Was Hänschen nicht lernt, lernt Hans nimmermehr« umzuformulieren: »Was das Hänschen nicht lernte, kann der Hans lernen, aber schwieriger.«

Das Kind kann das Hineinfühlen in andere nur lernen, wenn die Mutter und der Vater ihm ihre Gefühle wahrhaftig erfühlen lassen und sich selbst in das Kind hineinfühlen.

Die Lügen des Kindes entstehen aus seiner Angst, nicht so geliebt zu sein, wie es sein möchte.

Wie könnten allgemein gültige Erziehungsziele lauten? Ein Kind sollte von sich wissen, dass
- es auf alle Fälle durchhalten kann;
- es stärker ist als seine augenblickliche Schwäche;
- es mit Entbehrungen umgehen kann;
- es Verantwortung für sich und seine Nächsten tragen kann;
- es Ehrfurcht vor Höherem, Gleichem und Niederem, Ehrfurcht vor der ganzen Schöpfung hat;
- es dienen kann, ohne sich etwas zu vergeben;
- es kein stumpf Verbrauchender ist, sondern ein kreativ Schöpfender;
- es der Herr seiner Welt ist, es aber auch weiß, dass die Welt unter einem geistigen Gesetz steht. Gegen dieses kosmische Gesetz darf es nicht verstoßen.

Kindererziehung ist sicher nicht die leichteste, aber vielleicht die lohnendste Aufgabe in dieser Welt.

An der Schwelle in ein neues Jahrtausend ist es wichtig, keine Duckmäuser zu erziehen, sondern selbstbewusste, soziale Widerstandskämpfer, die den Problemen der nächsten Jahre etwas entgegenzusetzen haben und neue Lebensmodelle einführen.

Ein Kind, das nie negative Erlebnisse wie Wut, Angst oder Krankheit erfährt, wird nie bewusst das Positive wie Frieden, Mut, Liebe und Gesundheit erleben können.

Je kleiner und sensibler das Kind ist, desto abhängiger ist es von der Unveränderbarkeit seiner Umwelt.

Jedes Ding auf der Welt hat zwei Pole. Auch die Lebendigkeit des Menschen hängt vom Ausleben der beiden Pole ab – es gibt kein eines, ohne dass es vorher zwei gab, und aus dem einen werden wieder zwei.

Seelisch verwundete Menschen sind hilflos und befinden sich in einer Sackgasse. Verängstigung, Enttäuschung und Beleidigung hindern sie, den Nächsten um den Halt zu bitten, den sie bräuchten. Sie befürchten eine noch größere Verwundung durch eine Abweisung.

Das menschliche Neugeborene muss die Bindung am Bauch und in den Armen umso mehr spüren, da es sich um eine »physiologische Frühgeburt« handelt.

Die kindliche Seele braucht Geschichten, in denen die Lebenskraft wirkt. Sie verlangt nach Symbolbildern, wie sie beispielsweise Märchen, Legenden und Sagen anbieten. Um seine Phantasie und damit die Grundlagen seines seelisch-geistigen Lebens gesund entfalten zu können, braucht das Kind Bilder, die es nur mit seinem Herzen verstehen kann.

In den ersten sieben Jahren – diese Zeit wird auch das magische Alter genannt – ist das Kind anfällig für phantasiebesetzte Ängste. Phantasie und Traum werden mit der Wirklichkeit vertauscht.

Für die Ausbildung des eigenen Willens ist es notwendig, Gegensätze zu erleben: Werden alle Wünsche erfüllt, kann Verzicht nicht geübt werden. Wenn Liebe nur aus Nehmen besteht, so ist sie weniger als halb.

Zur Liebe gehört, dass man gibt, sich in den anderen hineinfühlt und auf dem Weg nochmals für sich nimmt.

Weil wir Tiefen nicht ertragen, erleben wir auch keine Höhepunkte in unseren Beziehungen.

Wir sind zu oft nicht in der Lage, befriedigende Kompromisse zu schließen. Wir trennen uns schnell von allem, was uns stört!

In vielen Fällen gehen Mütter heute auf alle Wünsche ihres Kindes ein. Sie wollen ihrem Kind die Liebe und Freiheit geben, die sie selber nicht bekamen. Dabei übersehen sie aber die Bedeutung des Verzichts als gegensätzlicher Pol und als Voraussetzung für Freude. Oftmals machen sie sich zu einer manipulierbaren Dienerin des Kindes, anstatt ihm eine Mutter zu sein. Die Machtausübung wird dann dem Kind zur zuverlässigen Erfahrung und somit zum Zwang.

Wer nicht lernt, die Angst zu leben, weiß auch nicht, dass er mutig ist.

Nur wer Last auf sich genommen hat, ist auch belastbar.

Die Eltern sind die ersten Menschen im Leben eines Kindes, die Liebe geben können.

In den Händen der Kinder liegt die Zukunft. Sie sollten selbstbewusst, willensstark und kritisch sein, um das von uns verwüstete Erbe wieder zu einem lebenswürdigen Ort zu gestalten. Damit dies gelingt, müssen die Kinder von heute liebesfähige Erwachsene von morgen werden, das heißt, sie müssten sich selbst und den Nächsten lieben können.

In jedem lebendigen Wesen entstehen bei der Konfrontation mit einer neuen sozialen Situation zwei gleichzeitig auftretende affektive Bereitschaften: Freude am Kontakt und die Angst davor.

Liebe ist erst dann Liebe, wenn sie vorbehaltlos, uneingeschränkt, endlos ist. Das heißt, Liebe kann nicht an bestimmte Bedingungen oder einmalige Situationen gebunden sein.

Von der Unendlichkeit einer Liebe kann ich erst überzeugt sein, wenn ich mich sicher auf sie verlassen kann. Sie muss immer da sein, wenn es mir dreckig geht, wenn ich schwach bin und mich abgelehnt fühle. Ja sogar dann, wenn ich von der Liebe nichts wissen will. Ich will um meiner selbst willen geliebt werden, als ganze Person und nicht wegen bestimmter Aspekte, die dem anderen im Augenblick gefallen.

Ausschließlich das Gleichgewicht von Selbstliebe und Nächstenliebe macht die Liebe zur Liebe. Dies ist die einzige Bedingung der Liebe.

Echtes Einfühlen ist immer eine durchlässige Bewegung zwischen Ich und Du und stets ein Überschreiten und Ziehen von Grenzen zwischen zwei Menschen.

Kranke und behinderte Kinder werden wegen der notwendigen Fürsorge oftmals zum Gegenstand der Überfürsorge.

Das Kind fühlt bestens, was es braucht, aber es weiß es noch nicht. Sollte man es von ihm verlangen, so ist das eine Überforderung.

Alles Geschaffene besteht aus Gegensätzen. Jeder der beiden Pole eines Gegensatzes muss eindeutig ausgestaltet sein. Unter der Auseinandersetzung strömt die Lebensenergie. Diesem Gesetz von der Polarität ist jede irdische Energieform unterworfen.

Indem ein Kind gehalten wird, lernt es auszuhalten, und indem es getragen wird, lernt es zu ertragen.

Je kleiner das Kind ist, umso mehr muss es die Kommunikation mit dem ganzen Körper fühlen.

Bedingungslose Liebe ist tolerante Liebe: Ich kann mich geliebt fühlen, obwohl ich unvollkommen bin.

Liebe ist kein passiver Zustand, sie gibt mehr als Sicherheit, sie lässt Geborgenheit erleben.

Erst im Geben offenbart sich die Kraft, mit der die Liebe in das Herz dessen eindringt, den wir lieben.

Literatur-
empfehlungen

Austermann, Marianne / Wohlleben, Gesa: *Zehn kleine Krabbelfinger. Spiel und Spaß mit unseren Kleinsten*, München, 15. Auflage 1998

Defersdorf, Roswitha: *Drück mich mal ganz fest. Geschichte und Therapie eines wahrnehmungsgestörten Kindes*, Freiburg, 12. Auflage 1998

Dreikurs, Rudolf / Stoltz, Vicki: *Kinder fordern uns heraus. Wie erziehen wir sie zeitgemäß?* Stuttgart, 5. Auflage 1999

Hellinger, Bert: *Ordnungen der Liebe. Ein Kursbuch*, Heidelberg, 5. Auflage 1998

Leboyer, Frédérick: *Sanfte Hände. Die traditionelle Kunst der indischen Baby-Massage*, München, 17. Auflage 1999

Lothrop, Hannah: *Das Stillbuch*, München, 23. Auflage 1998

Maiden, Anne Hubbell / Farwell, Edie: *Willkommen in dieser Welt. Die tibetische Kunst, Kinder ins Leben zu begleiten*, München 1999

Montessori, Maria: *Kinder sind anders*, München 1992

Schuchardt, Erika: *Warum gerade ich ...? Leben lernen in Krisen – Leiden und Glaube*. Göttingen, 10. Auflage 1999

Schweizer, Christel / Prekop, Jirina: *Was unsere Kinder unruhig macht ... Ein Elternratgeber: Aufklärung über Ursachen der Hyperaktivität, Empfehlungen zur Förderung der normalen Entwicklung*, Stuttgart, 2. Auflage 1997

Solter, Aletha J.: *Warum Babys weinen. Die Gefühle von Kleinkindern*, München, 8. Auflage 1998

Solter, Aletha J.: *Wüten, toben, traurig sein. Starke Gefühle bei Kindern*, München, 6. Auflage 1999

Stein Arnd: *Mein Kind hat Angst. Wie Eltern verstehen und helfen können*, Bergisch Gladbach 1991

Stein, Arnd: *Wenn Kinder aggressiv sind. Wie Eltern verstehen und helfen können*, Hamburg 1999

Zimmer, Katharina: *Erste Gefühle. Das frühe Band zwischen Kind und Eltern*, München 1998

Quellennachweis

Die Texte wurden folgenden Büchern entnommen:

Prekop, Jirina: *Hättest du mich festgehalten ... Grundlagen und Anwendung der Festhalte-Therapie*, München, 5. Auflage 1995

Prekop, Jirina: *Der kleine Tyrann. Welchen Halt brauchen Kinder?* Erweiterte Neuauflage, München, 18. Auflage 1997

Prekop, Jirina: *Schlaf, Kindlein – verflixt noch mal! Ein Ratgeber für genervte Eltern*, München, 5. Auflage 1998

Prekop, Jirina / Hellinger, Bert: *Wenn ihr wüsstet, wie ich euch liebe. Wie schwierigen Kindern durch Familien-Stellen und Festhalten geholfen werden kann*, München, 2. Auflage 1998

Prekop, Jirina / Schweizer, Christel: *Unruhige Kinder. Ein Ratgeber für beunruhigte Eltern*, München, 3. Auflage 1994

Prekop, Jirina / Schweizer, Christel: *Kinder sind Gäste, die nach dem Weg fragen. Ein Elternbuch*, München, 12. Auflage 1998

Außerdem wurden einige Texte der Zeitschrift *Holding Times. Mitteilungsblatt des Lehrinstituts der Gesellschaft zur Förderung des Festhaltens als Lebensform und Therapie e.V.* entnommen und wieder andere wurden mündlich überliefert.

Jirina Prekop bei Kösel

Jirina Prekop, **Der kleine Tyrann.** *Welchen Halt brauchen Kinder? Erweiterte Neuauflage*

Immer mehr Eltern sind ratlos: Obwohl sie bei der Erziehung alles bestens machen wollten, scheinen sich ihre Kinder zu kleinen Tyrannen zu entwickeln. Jirina Prekop gibt eine Erklärung für dieses Phänomen und zeigt, welchen Halt Kinder brauchen, damit sie sich frei und ohne Störungen entwickeln können. 18. Auflage 1997

Jirina Prekop, **Hättest du mich festgehalten ...** *Grundlagen und Anwendung der Festhalte-Therapie*

Das Grundlagenbuch zur kontrovers diskutierten Festhalte-Therapie. Anschauliche Fallbeispiele zeigen eindrucksvoll, welche heilende Wirkung das Festhalten haben kann. Obwohl es seit 1989 wichtige Entwicklungen in der Festhalte-Therapie gab, ist dieses Buch das deutschsprachige Standardwerk zum Thema.
5. Auflage 1995

Jirina Prekop, **Schlaf, Kindlein – verflixt noch mal!** *Ein Ratgeber für genervte Eltern*

In vielen Familien sind die Nächte mit dem Kind eine Qual: Trotz liebevoller Versuche, das Kind zum (Ein-)Schlafen zu bringen, will es oft nicht klappen. Jirina Prekop zeigt, welche Voraussetzungen gegeben sein müssen, damit ein Kind schlafen kann. Ihre wichtigste These lautet: Zum Schlafen braucht das Kind Sicherheit.
5. Auflage 1998

Jirina Prekop/Christel Schweizer, **Kinder sind Gäste, die nach dem Weg fragen.** *Ein Elternbuch*

Ein Kind zu erziehen heißt, es in der Besonderheit seines kindlichen Wesens bedingungslos anzunehmen. Konkrete Beispiele aus dem Alltag zeigen, wie Eltern ihr Kind auf seinem Weg begleiten können. Eine Kraftquelle für alle verantwortungsbewussten Eltern und Erzieher.
12. Auflage 1998

Jirina Prekop/Christel Schweizer, **Unruhige Kinder.** *Ein Ratgeber für beunruhigte Eltern*

Kinder besitzen im Allgemeinen ein recht lebhaftes Temperament. Viele flippen jedoch ständig aus, können niemals still sitzen, ecken überall an und treiben ihre Eltern und Lehrer zur Verzweiflung. Die Unruhe wird bei ihnen zu einer ernst zu nehmenden Entwicklungsstörung. In der Fachsprache spricht man von »hyperaktiven« oder hyperkinetischen« Kindern. Christel Schweizer und Jirina Prekop untersuchen die verschiedenen Ursachen für diese Störung und geben konkrete Empfehlungen, was diesen Kindern – und ihren Eltern – hilft.
4. Auflage 1997

Jirina Prekop/Bert Hellinger, **Wenn ihr wüsstet, wie ich euch liebe.** *Wie schwierigen Kindern durch Familien-Stellen und Festhalten geholfen werden kann*

Warum ist ausgerechnet das eine Kind unsteuerbar, obwohl es die gleichen Eltern hat wie seine gut erzogenen Geschwister? Und warum überfordern einige Kinder ihre Eltern und Lehrer und machen ihre ganzen Bemühungen zunichte? Jirina Prekop und Bert Hellinger erkannten, dass die Gründe oftmals im Verborgenen liegen und Ergebnis einer gestörten Ordnung des familiären Systems sind. 2. Auflage 1998

Dr. Jirina Prekop, geb. 1929, in Mähren aufgewachsen, arbeitete als Diplom-Psychologin viele Jahre im Olgahospital, einer Kinderklinik in Stuttgart. Sie übernahm die Festhaltetherapie von Martha Welch (USA) und entwickelte sie als Chance zur Erneuerung der Liebe in familiären Bindungen weiter. Sie ist Autorin zahlreicher Bücher und 1. Vorsitzende der »Gesellschaft zur Förderung des Festhaltens als Lebensform und Therapie e.V.«. Seit vielen Jahren lebt sie in Lindau am Bodensee.